U0824080

互联网招聘实训手册

（直播带岗）

互联网招聘（直播带岗）系列课程研发小组　组织编写

中国劳动社会保障出版社

图书在版编目（CIP）数据

互联网招聘实训手册：直播带岗／互联网招聘（直播带岗）系列课程研发小组组织编写. -- 北京：中国劳动社会保障出版社，2024. -- ISBN 978-7-5167-6500-5

Ⅰ. F713. 365. 2-62

中国国家版本馆 CIP 数据核字第 20242NV693 号

中国劳动社会保障出版社出版发行

（北京市惠新东街 1 号　邮政编码：100029）

*

北京昌联印刷有限公司印刷装订　　新华书店经销

880 毫米 ×1230 毫米　16 开本　2.5 印张　49 千字

2024 年 7 月第 1 版　　2024 年 7 月第 1 次印刷

定价：14.00 元

营销中心电话：400-606-6496

出版社网址：http://www.class.com.cn

版权专有　　侵权必究

如有印装差错，请与本社联系调换：（010）81211666

我社将与版权执法机关配合，大力打击盗印、销售和使用盗版图书活动，敬请广大读者协助举报，经查实将给予举报者奖励。

举报电话：（010）64954652

编审委员会

主　任： 吴南天

委　员： 何　卯　熊慧勇　穆奇玲　王永娟　吴　昊
周正林　杨　慧　杨存库　马斌张智

本书编写人员

主　编： 吴　昊　周正林

副主编： 王永娟　杨　慧

编　者： 何　卯　熊慧勇　穆奇玲　罗　丹　王丽霞
杨存库　马斌张智　王荣飞　钟红莉　张德举
张　慧　郭　蓉　杨　润

前言

PREFACE

<<

随着数字经济的蓬勃发展，互联网招聘（直播带岗）已经成为一种新型的招聘模式，为广大求职者提供了更加便捷、高效的就业渠道，大幅提高了人力资源利用效率，激发了市场活力，成为新业态下人力资源服务领域新增长点、新动能。为更好地帮助求职者、人力资源服务机构和用人企业了解直播带岗，提高求职技能，提升招聘成效，我们编写了这套互联网招聘（直播带岗）教材。

本套教材主要适用于用人企业招聘专员、人力资源服务机构从业人员和劳务经纪人等服务人员相关技能培训，旨在提升其运用互联网服务平台开展直播带岗的能力水平。

本套教材由《互联网招聘培训教程（直播带岗）》（以下简称《培训教程》）和《互联网招聘实训手册（直播带岗）》（以下简称《实训手册》）两部分构成。

《培训教程》围绕认知、筹划、运营、实战、提升五个方面，系统阐述了直播带岗的概念、行业发展趋势和方向、主要形式和主要收益方式，直播带岗平台、现场、人员、选岗、资金五个方面的筹划工作，直播带岗运营的关键知识和技能，直播带岗准备、实施、复盘与优化的方法和技巧，以及职业指导尤其是模拟面试的组织实施要求等。

《实训手册》与《培训教程》配套使用，包含了16个实训任务，从直播带岗账号注册到了解平台规则，从直播带岗"人、岗、场"的筹划到运营，从直播带岗实战操作到复盘优化，从直播带岗职业能力探索到提升，旨在帮助学员更好地将理论知识运用于实践，通过完成实训任务，掌握互联网招聘（直播带岗）的基本知识和技能。

本套教材在编写过程中得到了贵州省人力资源和社会保障厅的大力支持，得到了六盘水市人力资源和社会保障局的帮助指导，六盘水市师之道创业指导有限责任公司组织开展了大量教材研讨交流、试用完善等工作，在此一并感谢。

限于编者水平，书中不妥之处在所难免，恳请读者批评指正。

互联网招聘（直播带岗）系列课程研发小组

目 录

CONTENTS

<<

实训任务 1　了解平台规则

实训目标：下载并安装一款直播平台 App，找到平台规则入口并了解平台规则。

实训要求：提炼平台通用规则（至少 5 条）。

1. ______________________________

2. ______________________________

3. ______________________________

4.

5.

实训任务 2 入驻平台

实训目标：注册直播带岗账号，入驻平台。

实训要求：设计昵称、简介、头像、背景，完成主页设置。

1. 昵称：________________________________

2. 简介：________________________________

3. 头像（文字描述 + 图片）：________________

4. 背景（文字描述 + 图片）：________________

实训任务 3　制作直播间背景图

实训目标：能够利用模板或自行设计直播间背景图。

实训要求：根据主题制作一张直播间背景图，包括主题、品牌标识、文字介绍、视觉设计等。

1. 主题：______

2. 品牌标识：______

3. 文字介绍：______

4. 视觉设计：

5. 其他：

实训任务 4　直播场景搭建

实训目标：以小组为单位，完成直播场景搭建。

实训要求：完成一个虚拟直播间或实景直播间的搭建，列出需配置的设备。

1. 画面采集设备：

2. 声音采集设备：

3. 灯光采集设备：

4. 网络配置：

5. 其他相关设备：

实训任务 5　构建直播团队

实训目标：以小组为单位构建直播团队，明确人员分工及岗位职责。

实训要求：绘制直播团队组织结构图，列出各岗位职责。

1. 直播团队组织结构图

2. 直播团队各岗位职责

岗位名称	岗位职责	人员姓名
岗位 1：__________		
岗位 2：__________		
岗位 3：__________		
岗位 4：__________		
岗位 5：__________		
岗位 6：__________		

实训任务 6　带岗主播能力评估与提升

实训目标： 掌握带岗主播应具备的能力。

实训要求： 评估带岗主播直播带岗能力的“强项”或“弱项”，做出相应的提升计划。

1. 对下表中所列能力进行自我评估，确定是“强项”或“弱项”，并在对应的单元格内打“√”。

带岗主播能力评估

能力指标		强项	弱项
基本能力	语言表达能力		
	观察能力		
	知识储备和专业素养		
	网络应用		
	心理素质和应变能力		
带岗能力	行业知识		
	沟通能力		
	时间管理能力		
	解决问题能力		
职业指导能力	职业规划指导		
	熟悉招聘流程		
	咨询服务		

2. 针对弱项，在下表中写出相应的能力提升计划。

带岗主播能力提升计划		
能力指标		能力提升计划
基本能力	语言表达能力	
	观察能力	
	知识储备和专业素养	
	网络应用	
	心理素质和应变能力	
带岗能力	行业知识	
	沟通能力	
	时间管理能力	
	解决问题能力	
职业指导能力	职业规划指导	
	熟悉招聘流程	
	咨询服务	

实训任务 7　企业岗位信息收集

实训目标：了解各大网络招聘平台，学会搜索意向岗位信息（线上），入企深度了解企业基本情况，梳理企业参访甄别岗位信息表（线下）。

实训要求：完成企业招聘岗位信息收集表（线上）和入企探岗岗位信息收集表（线下）。

1. 企业招聘岗位信息收集表（线上）

序号	企业名称	经营范围	招聘岗位	任职条件	薪酬待遇	发布时间	截止时间	发布平台	联系人	联系电话
1										
2										
3										
4										
5										
6										
7										
8										
9										
10										

2. 入企探岗岗位信息收集表（线下）

<table>
<tr><td>企业名称</td><td></td><td>参访人员</td><td></td></tr>
<tr><td>企业情况</td><td colspan="3"></td></tr>
<tr><td>访谈对象职位</td><td></td><td>访谈对象姓名</td><td></td></tr>
<tr><td rowspan="5">想询问的问题</td><td colspan="2">具体问题</td><td>答复情况</td></tr>
<tr><td colspan="2"></td><td></td></tr>
<tr><td colspan="2"></td><td></td></tr>
<tr><td colspan="2"></td><td></td></tr>
<tr><td colspan="2"></td><td></td></tr>
<tr><td rowspan="5">确定意向岗位</td><td>岗位名称</td><td>用工人数</td><td>任职要求</td></tr>
<tr><td></td><td></td><td></td></tr>
<tr><td></td><td></td><td></td></tr>
<tr><td></td><td></td><td></td></tr>
<tr><td></td><td></td><td></td></tr>
<tr><td>综合评价</td><td colspan="3"></td></tr>
</table>

实训任务 8　设计岗位展示海报

实训目标：掌握岗位展示海报的制作方法。

实训要求：根据收集到的岗位信息设计带岗直播间岗位展示海报的基本要素。

1. 企业简介：____

____

____

____

____

2. 招聘岗位：____

____

____

____

____

3. 岗位详情：____

____

____

____

____

4. 工作地点：____

____

____

____

____

5. 投递简历方式：

6. 新人培训及晋升体系：

7. 企业福利体系：

8. 薪酬待遇：

9. 其他：

实训任务 9　预测启动资金

实训目标：掌握启动资金预测方法。

实训要求：根据前期实训结果填写下表，预测直播带岗前 3 个月的启动资金需求。

类别	支出项目	预计金额（元）	备注
投资	购置计算机		
	购置补光灯		
	购置支架		
	购置摄像头和麦克风		
	购置直播大屏		
	平台注册		
	账号认证		
	……		
	投资小计		

续表

类别	支出项目	预计金额（元）	备注
流动资金	员工薪酬		
	营销宣传费		
	水电费		
	宽带费		
	电话费		
	其他费用		
	……		
流动资金小计			
启动资金合计			

实训任务 10　直播带岗脚本设计

实训目标： 掌握直播带岗脚本的设计技巧。

实训要求： 设计一份直播带岗脚本。

直播主题		直播岗位	
直播目标		直播时间	
带岗主播		直播团队	

直播内容	企业介绍	岗位信息	求职对象

序号	时间	环节	目的	话术	镜头及画面	道具
1		开场环节——主播介绍				
2		开场环节——直播流程介绍				
3		开场环节——内容介绍				
4		人岗匹配环节——探需话术				

续表

序号	时间	环节	目的	话术	镜头及画面	道具
5		人岗匹配环节——岗位介绍				
6		人岗匹配环节——薪酬介绍				
7		人岗匹配环节——职业引导				
8		互动环节——疑义话术				
9		互动环节——快速匹配				
10		下播环节——感谢				
11		下播环节——引导关注				
12		下播环节——预告下场直播				

实训任务 11　直播带岗推广活动规划

实训目标：熟悉直播带岗推广渠道、形式和规划要点。

实训要求：根据前期实训结果，完成一份直播带岗推广活动规划。

直播带岗推广活动规划	
规划指标	实施内容
明确目标受众	
选择推广渠道	
确定推广形式	

续表

规划指标	实施内容
策划推广内容	
预估直播效果	
设定推广周期	

实训任务 12　设计短视频分镜头脚本

实训目标：掌握短视频设计方法和技巧。

实训要求：设计一份短视频分镜头脚本，视频时长不低于 15 秒。

短视频分镜头脚本设计

镜号	场景	画面内容	时长	景别	台词	运镜方式

续表

镜号	场景	画面 内容	时长	景别	台词	运镜 方式

实训任务 13　直播带岗实操训练

实训目标：熟悉在直播平台开展直播带岗活动的流程。

实训要求：各小组协助完成一场 2 小时的直播带岗活动，记录活动流程及要点。

一、开播前活动预演

二、直播实施

1. 开场：

2. 过程：________________

____

3. 结尾：________________

____

注：

1. 直播内容符合实施要求。
2. 为保证直播顺利进行，需要提前做好各项设备测试与直播预演工作。

实训任务 14　直播带岗复盘

实训目标： 掌握直播带岗复盘的要点。

实训要求： 对实训任务 13 直播带岗实操训练进行复盘，梳理出直播带岗中存在的问题并给出解决方案。

直播带岗复盘		
复盘内容	问题描述	解决方案
评估直播效果		
回顾直播内容		
评估主播表现		

续表

复盘内容	问题描述	解决方案
回顾技术运作		
分析观众反馈		
分析团队协作		
制订改进计划		

实训任务 15　直播带岗运营优化

实训目标：掌握直播带岗运营优化指标和优化方法。

实训要求：针对实训任务 13 和实训任务 14，完成直播优化方案设计。

数据性直播周期	第一场	第二场	第三场
	问题及优化措施	问题及优化措施	问题及优化措施
直播带岗运营优化数据指标			
观众参与度			
观看时长			
观众留存率			
参与互动次数			
直播转化率			
社交媒体影响力			
团队管理			

工作任务直播周期	第一场	第二场	第三场
	问题及优化措施	问题及优化措施	问题及优化措施
工作任务数据性指标			
活动宣传和推广			
观众互动引导			
优化活动内容			
直播技术和设备优化			
数据分析和报告			
团队分工			

实训任务 16　制作求职简历

实训目标：掌握求职简历的制作方法和技巧。

实训要求：修改一份求职简历，并选择一个特定岗位设计一份求职简历。

1. 针对以下简历，提出指导意见。

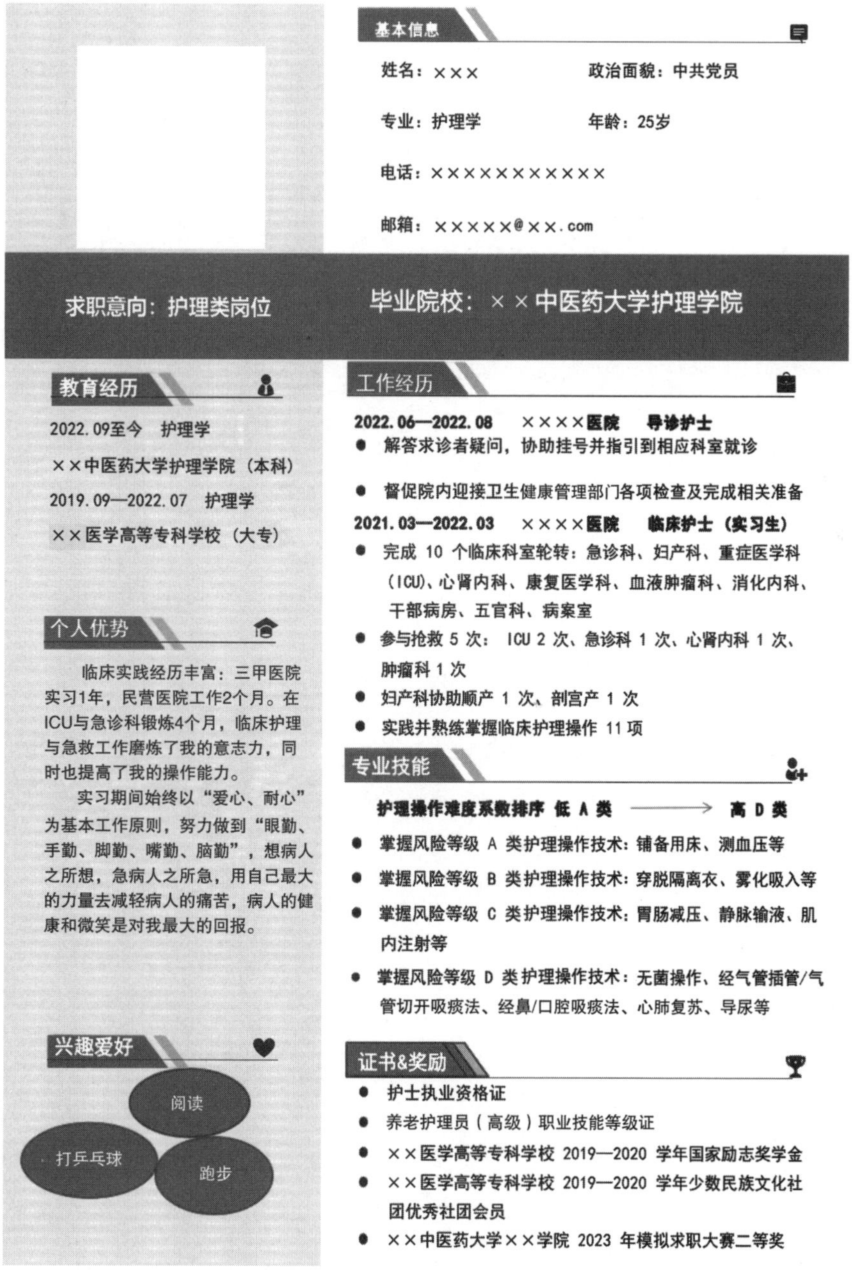

基本信息

姓名：×××　　政治面貌：中共党员

专业：护理学　　年龄：25岁

电话：×××××××××××

邮箱：×××××@××.com

求职意向：护理类岗位　　毕业院校：××中医药大学护理学院

教育经历

2022.09至今　护理学

××中医药大学护理学院（本科）

2019.09—2022.07　护理学

××医学高等专科学校（大专）

个人优势

临床实践经历丰富：三甲医院实习1年，民营医院工作2个月。在ICU与急诊科锻炼4个月，临床护理与急救工作磨炼了我的意志力，同时也提高了我的操作能力。

实习期间始终以“爱心、耐心”为基本工作原则，努力做到“眼勤、手勤、脚勤、嘴勤、脑勤”，想病人之所想，急病人之所急，用自己最大的力量去减轻病人的痛苦，病人的健康和微笑是对我最大的回报。

兴趣爱好

阅读　打乒乓球　跑步

工作经历

2022.06—2022.08　××××医院　导诊护士

- 解答求诊者疑问，协助挂号并指引到相应科室就诊
- 督促院内迎接卫生健康管理部门各项检查及完成相关准备

2021.03—2022.03　××××医院　临床护士（实习生）

- 完成 10 个临床科室轮转：急诊科、妇产科、重症医学科（ICU）、心肾内科、康复医学科、血液肿瘤科、消化内科、干部病房、五官科、病案室
- 参与抢救 5 次：ICU 2 次、急诊科 1 次、心肾内科 1 次、肿瘤科 1 次
- 妇产科协助顺产 1 次、剖宫产 1 次
- 实践并熟练掌握临床护理操作 11 项

专业技能

护理操作难度系数排序　低 A 类 ——→ 高 D 类

- 掌握风险等级 A 类护理操作技术：铺备用床、测血压等
- 掌握风险等级 B 类护理操作技术：穿脱隔离衣、雾化吸入等
- 掌握风险等级 C 类护理操作技术：胃肠减压、静脉输液、肌内注射等
- 掌握风险等级 D 类护理操作技术：无菌操作、经气管插管/气管切开吸痰法、经鼻/口腔吸痰法、心肺复苏、导尿等

证书&奖励

- 护士执业资格证
- 养老护理员（高级）职业技能等级证
- ××医学高等专科学校 2019—2020 学年国家励志奖学金
- ××医学高等专科学校 2019—2020 学年少数民族文化社团优秀社团会员
- ××中医药大学××学院 2023 年模拟求职大赛二等奖

意见：____

2. 请列出可以推荐的求职岗位，并针对某一特定岗位，设计一份求职简历。